# I Am Happy

## Je suis heureuse

## Soy Feliz

# Special Thanks / Remerciements
## Agradecimientos

To Diana Shaw Malvern, Laurie Dojeiji and Lesley Gilbert for their contribution to the revisions of this tale; and to Luis Eduardo Molina Lora for his invaluable advice and support of this project. Gracias amigo.

Nos plus sincères remerciements à Conchi Ágreda Señor et à Delphine Nolent pour la traduction initiale, et à Jean Claude Bazinet et à Lynne Cardinal pour les révisions finales. Nous n'aurions pas pu le faire sans vous !

A Ana María Castañeda Varo por su colaboración en la revisión de este cuento, y a Luis Eduardo Molina Lora, por sus valiosos consejos y su inestimable apoyo al proyecto. Gracias amigos.

**I Am Happy / Je suis heureuse / Soy feliz**
Walking for Peace Publishing
Copyright © 2018 Alberto Agraso & Mony Dojeiji
Design and Illustrations by Alberto Agraso
ISBN 978-1-927803-20-2
Special Edition

To our lovely daughter, Sylvana,
inspiration for this tale.


À notre chère fille Sylvana,
la source d'inspiration de cette histoire.


A nuestra querida hija, Sylvana,
fuente de inspiración para esta historia.

# I Am Happy

## Je suis heureuse

## Soy Feliz

**Alberto Agraso**
**&**
**Mony Dojeiji**

Art: Alberto Agraso

Hello! My name is Angela,
and I am so happy.


Bonjour, je m'appelle Angèle
et je suis très heureuse.


¡Hola! Me llamo Ángela,
y soy muy feliz.

When I am happy,
tickles run all over my body,
making me laugh.
I really like it.

Quand je suis heureuse,
je ressens des chatouilles qui courent
le long de tout mon corps.
Ça me fait rire et j'aime ça.

Cuando estoy feliz,
siento como cosquillitas que corretean
por mi cuerpo y me hacen reír.
Eso me gusta.

It makes me want to scream out loud:

Et j'ai envie de crier très fort :

Y me dan ganas de gritar muy fuerte:

I am so happy.
I look in the mirror and like what I see:
my pudgy face, my funny smile,
my crazy bangs...


Je suis très heureuse.
Je me regarde dans le miroir et j'aime ce que
je vois : mon petit visage tout rond, mon
sourire fripon, ma frange ébouriffée...


Soy muy feliz.
Me miro al espejo y me gusta lo que veo:
mi cara redondita, mi sonrisa picarona,
mi flequillo revoltoso...

I like my body.
I am healthy, fast and strong.
Every day, I see that I am more beautiful,
and I like that.


J'aime mon corps.
Je suis une fille en bonne santé, souple et forte.
Et chaque jour je me trouve encore plus belle,
et j'aime ça.


Me gusta mi cuerpo.
Soy una niña sana, ágil y fuerte.
Cada día que pasa me veo más guapa,
y eso me gusta.

I like me.

Je m'aime.

Yo me gusto.

It makes me want to scream out loud:

Et j'ai envie de crier très fort :

Y me dan ganas de gritar muy fuerte:

I am so happy.
I like my room,
with all my wonderful toys and books.


Je suis très heureuse.
J'aime ma chambre,
avec tous ses merveilleux jouets et livres.


Soy muy feliz.
Me gusta mi cuarto,
con todos mis libros y juguetes maravillosos.

I like the big tree outside my window,
and the little birds that live there,
and I think they like me too.


J'aime le grand arbre en face de ma fenêtre
et j'aime les oiseaux qui y nichent,
et je crois qu'ils m'aiment aussi.


Me gusta el árbol grande frente a mi ventana,
y los pajarillos que juegan y cantan en sus ramas,
y creo que a ellos también les gusto.

I like our family room,
the comfy sofa, colourful cushions,
soft carpet, and the television, where
I watch my favourite movies.


J'aime notre salle de séjour,
avec son canapé confortable, les jolis
coussins de couleurs, le doux tapis et la télé
où je regarde mes films préférés.


Me gusta nuestro salón,
con su cómodo sofá, los cojines de colores,
la alfombra suave, y la tele grande,
donde veo mis películas favoritas.

I like our kitchen,
and the delicious meals I enjoy
there with my family.

J'aime notre cuisine
où chaque jour, avec ma famille, je me régale
des délicieux repas qu'elle prépare.

Me gusta nuestra cocina,
donde disfruto con mi familia, cada día,
las comidas tan ricas que preparan.

Mmmm...
it all smells and tastes so good!


Mmm !
Ça sent si bon ! C'est délicieux !


Mmmm...
¡Qué bueno está todo, y qué bien huele!

I love my home.
It is beautiful, and even looks like me.
It is a happy house,
and I like that.


J'adore ma maison.
Elle est très jolie et de plus, elle me ressemble.
C'est une maison heureuse
et j'aime ça.


Me encanta mi casa.
Es preciosa, e incluso se parece a mí.
Es una casa feliz,
y eso me gusta.

It makes me want to scream out loud:

Et j'ai envie de crier très fort :

Y me dan ganas de gritar muy fuerte:

I am so happy.
I like my neighbourhood,
with all its houses and stores,
and the very nice people who live there.

Je suis vraiment heureuse.
J'aime mon quartier
avec ses maisons, ses magasins
et les voisins si gentils qui y habitent.

Soy muy feliz.
Me gusta mi barrio,
con sus casas y tiendas,
y los amables vecinos que viven en él.

I like the park around the corner,
the wooden benches, fun swings,
and endless fields of flowers.


J'aime le petit jardin public du coin,
avec ses bancs en bois, ses balançoires
et toutes ses fleurs et ses petits animaux.


Me gusta el parque de la vuelta de la esquina,
con sus bancos de madera, sus columpios,
y todas sus flores y animalitos.

I like my school,
the huge blackboards with chalk of every
colour, my many friends, and my teacher,
who is really sweet and so smart.


J'aime mon école
avec ses grands tableaux, ses craies de couleur,
mes copains et mes amis, et ma maîtresse,
si gentille, et tellement intelligente.


Me gusta mi escuela,
con sus pizarras enormes y sus tizas
de colores, mis compañeros y amigos,
y mi maestra, tan dulce y tan lista.

Actually...
I like all that I see!


À vrai dire...
j'aime tout ce que je vois !


En verdad...
¡me gusta todo lo que veo!

It makes me want to scream out loud:

Et j'ai envie de crier très fort :

Y me dan ganas de gritar muy fuerte:

I am so happy.
When I am with my friends,
a warm feeling fills me up.


Je suis très heureuse.
Quand je suis avec mes amis,
un doux sentiment de bonheur m'envahit.


Soy muy feliz.
Cuando estoy con mis amigos,
me siento de maravilla.

They laugh with me, and listen to what I say.
I feel important, and I like that.

Ils rigolent avec moi, ils m'écoutent.
Je me sens importante et ça me plaît.

Se ríen conmigo y me escuchan.
Me siento importante, y eso me gusta.

When I am with my family,
I feel special. They hug me and kiss me,
telling me that I am their treasure.

Lorsque je suis avec ma famille,
je me sens spéciale. Ils m'embrassent,
ils me prennent dans leurs bras et ils me
chuchotent à l'oreille que je suis leur amour.

Cuando estoy con mi familia,
me siento especial. Me abrazan y me besan,
y me dicen al oído que soy su tesoro.

I feel loved,
and I like that.

Je me sens aimée
et j'aime ça.

Me siento querida,
y eso me gusta.

During the day, when I am alone,
in my room or backyard,
I also feel good.


Pendant la journée, quand je suis seule
dans ma chambre ou dans le jardin,
je me sens bien aussi.


Durante el día, cuando estoy sola
en mi cuarto o en el jardín,
también me siento bien.

There is no one there,
but I feel loved.

Il n'y a personne avec moi,
mais je me sens aimée.

No hay nadie conmigo,
pero me siento querida.

It is as if everything around me is saying
"I love you", all at the same time,
and I like that.

Comme si tout autour de moi criait
d'une seule voix : « je t'aime. »
Et ça me plaît.

Como si todo a mi alrededor me estuviera
diciendo, al mismo tiempo, «te amo»,
y eso me gusta.

At night, when it is dark and quiet,
and I am alone in my bed...
I still feel good.

La nuit, quand je suis seule dans ma
chambre, dans le noir et en silence,
je me sens bien aussi.

Por la noche, cuando estoy sola en mi
habitación, a oscuras y en silencio,
también me siento bien.

There is no one there,
but I feel loved.


Il n'y a personne avec moi,
mais je me sens aimée.


No hay nadie conmigo,
pero me siento querida.

It is as if everything around me
is holding me in the warmest hug,
telling me that I am their treasure,
and I like that.

Comme si tout ce qui m'entourait me
donnait le plus tendre des câlins, en me
chuchotant à l'oreille que je suis son amour,
et ça me plaît.

Como si todo a mi alrededor me
estuviera dando, al mismo tiempo, el más
dulce de los abrazos, y diciéndome al oído
que soy su tesoro, y eso me gusta.

It makes me want to scream out so loudly:

Et j'ai envie de crier de toutes mes forces :

Y me dan ganas de gritar muy muy fuerte:

# About the Authors / À propos des auteurs
## Sobre los autores

Alberto Agraso is an international award-winning author, illustrator and visionary artist. His books and artwork are inspired by his search for meaning and purpose in life. In one of his many pilgrimages, he met his pilgrim companion and now-wife, Mony Dojeiji.

Mony is a storyteller, inspirational speaker and TV host and producer. She uses her experiences of life as a simple pilgrim walking the 800-km Camino in Spain, and 5,000 kilometers from Rome to Jerusalem as the foundation for her writings and popular presentations.

Together, they are social entrepreneurs who create, illustrate and publish books and artwork that transform lives and expand consciousness.

Alberto Agraso est un auteur international primé, illustrateur et artiste visionnaire. Ces livres et ces ouvrages d'art sont inspirés par sa recherche sur le sens et le but de la vie. Lors de l'un de ses nombreux pèlerinages il a rencontré sa compagne pèlerine qui est maintenant sa femme, Mony Dojeiji.

Mony Dojeiji est une raconteuse, conférencier inspirant, présentatrice TV et réalisatrice. Elle utilise ses expériences de vie en simple pèlerin en marchant le Camino en Espagne et le chemin de Rome à Jérusalem comme la fondation de ces œuvres écrites et présentations populaires.

Ensemble, ils sont les entrepreneurs sociaux qui créent, illustrent et publient les livres et les ouvrages permettant de transformer les vies et élargir les consciences.

Alberto Agraso es un escritor y artista visionario. Su obra está inspirada fundamentalmente en su búsqueda de sentido y propósito en la vida. En una de sus numerosas peregrinaciones, conoció a la que es hoy su esposa, Mony Dojeiji.

Mony es una escritora, conferenciante y presentadora de TV que utiliza sus experiencias en el Camino de Santiago, y en su peregrinación a pie de 5000 kilómetros de Roma a Jerusalén, como base para sus escritos y presentaciones.

Juntos, son emprendedores que crean y publican libros y obras de arte cuyo objetivo es la transformación y expansión de la conciencia.

# Other Books / Autres livres
## Otros libros

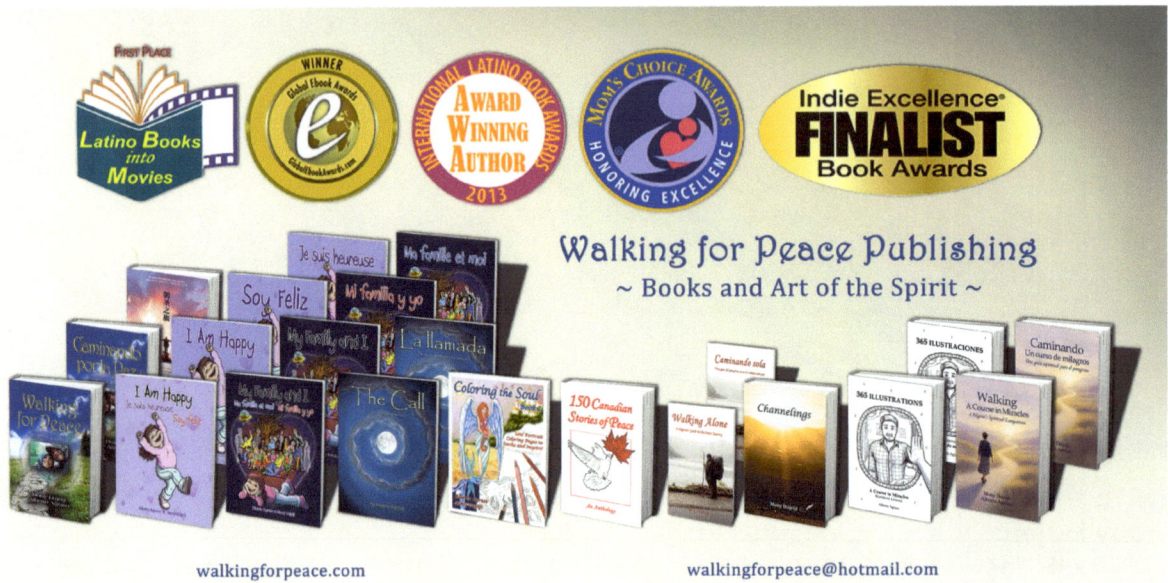

Walking for Peace Publishing
~ Books and Art of the Spirit ~

walkingforpeace.com    walkingforpeace@hotmail.com

To purchase other books by the authors, please visit Amazon or your favorite online retailer.

To contact them, please email walkingforpeace@hotmail.com. To learn more about them, visit walkingforpeace.com.

Afin d'acheter d'autres livres par les auteurs, allez sur Amazon ou contactez votre détaillant en ligne favori.

Pour les contacter : walkingforpeace@hotmail.com. Pour plus d'information sur Mony et Alberto : walkingforpeace.com.

Para adquirir otros libros de los autores, por favor, visite Amazon o su tienda virtual favorita.

Para contactar con ellos: walkingforpeace@hotmail.com. Para más información, por favor, visite walkingforpeace.com.